CATALOGUE

D'UN

CHOIX DE LIVRES

RARES ET PRÉCIEUX, EN GRAND PAPIER

ORNÉS DE FIGURES ET RELIÉS EN MAROQUIN

DONT LA VENTE AURA LIEU

Le samedi 17 mars 1877, à deux heures précises

Hôtel des Commissaires-Priseurs, rue Drouot

Salle n° 3, au premier

Par le ministère de M° MAURICE DELESTRE, commissaire-priseur,

successeur de M. DELBERGUE-CORMONT

27, rue Drouot.

Exposition publique le vendredi 16 mars 1877.

PARIS

ADOLPHE LABITTE

LIBRAIRE DE LA BIBLIOTHÈQUE NATIONALE

4, rue de Lille, 4

1877

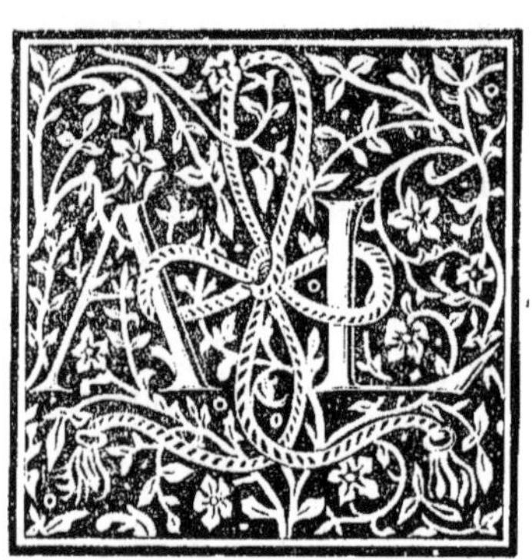

Paris. — Typographie Georges Chamerot, rue des Saints-Pères, 19.

CATALOGUE

D'UN

CHOIX DE LIVRES

RARES ET PRÉCIEUX, EN GRAND PAPIER

ORNÉS DE FIGURES ET RELIÉS EN MAROQUIN.

CONDITIONS DE LA VENTE.

La vente se fait au comptant. Les acquéreurs payeront 5 °/₀ en sus des enchères applicables aux frais.

Il y aura exposition des livres de UNE à DEUX heures.

Les réclamations devront être faites dans les vingt-quatre heures qui suivront la vente. Passé ce délai, ou une fois sortis de la salle de vente, les ouvrages adjugés ne seront repris pour aucune cause.

Le libraire chargé de la vente remplira les commissions qui lui seront adressées.

ORDRE DE LA VACATION.

48 à 88.

1 à 47.

Paris. — Typ. G. Chamerot, rue des Saints-Pères, 19.

CATALOGUE

D'UN

CHOIX DE LIVRES

RARES ET PRÉCIEUX, EN GRAND PAPIER

ORNÉS DE FIGURES ET RELIÉS EN MAROQUIN

DONT LA VENTE AURA LIEU

Le samedi 17 mars 1877, à deux heures précises

Hôtel des Commissaires-Priseurs, rue Drouot

Salle no 3, au premier

Par le ministère de Me MAURICE DELESTRE, commissaire-priseur,

SUCCESSEUR DE M. DELBERGUE-CORMONT,

27, rue Drouot.

———

Exposition publique le vendredi 16 mars 1877.

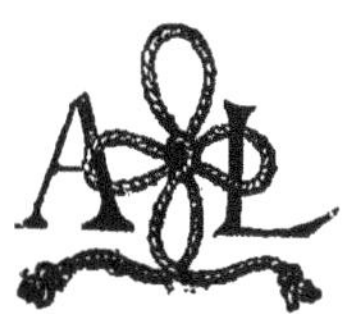

PARIS

ADOLPHE LABITTE

LIBRAIRE DE LA BIBLIOTHÈQUE NATIONALE

4, rue de Lille, 4

—

1877

CATALOGUE

D'UN

CHOIX DE LIVRES

RARES ET PRÉCIEUX, EN GRAND PAPIER

ORNÉS DE FIGURES ET RELIÉS EN MAROQUIN

THÉOLOGIE.

1. BIBLIORUM sacrorum Vulgatæ versionis editio. *Parisiis, Didot,* 1785, 2 vol. in-4, mar. r. fil. tr. dor. (*Bozérian.*)

Exemplaire Perkins.

2. THOMÆ A KEMPIS de Imitatione Christi. *Lugd., apud J. et D. Elzevirios, s. d.,* in-12, front. gravé, mar. r. fil. tr. dor. (*Anc. rel.*)

Hauteur : 124 mill.

3. L'IMITATION DE JÉSUS-CHRIST. *Paris, L. Curmer,* 1856. — Appendice à l'Imitation de J.-C. *Paris, L. Curmer,* 1858, 2 vol. gr. in-8, chromol. mar. la Val. arm. à froid sur le dos et les plats, doublé de moire amarante, avec dent. tr. dor. (*David.*)

4. VIERGE SACRÉE (LA). ‖ Ce tresdeuot et tressubstancieux liure est in ‖ titule la Vierge sacree : & est tres utile et ‖ p̄ffitable a Vertueuses religieuses pour ‖ ce que en iceluy est declaree & demõ ‖ stree la tresnoble excellence ‖ la ge ‖ nerosite & p̄minēce de la p̄ure ‖ Vierge laq̄lle est aornee d'hu ‖ milite et p̄aree de fleurs ‖ de toute vertu

*

& perfectiõ ‖ Lequel a este cõpose ‖ par sciētifiq̄
do ‖ cteur en theo ‖ logie mai ‖ stre Ge ‖ orges ‖
de ‖ Escla ‖ uonie cha ‖ noine & peni ‖ tēcier de
Tours. ‖ *Lequel liure a este* ‖ *nouuellement imprime* ‖
pour Simõ Vostre libraire ‖ *demourant à Paris : en*
la rue ‖ *neufue nostre Dame. A l'enseigne* ‖ *de mon-*
seigneur Sainct Jehan leuangeliste. ‖ pet. in-8 goth.
de 60 ff. sur bois, mar. r. chiffre de S. Vostre
sur la reliure, tr. dor. (*Capé.*)

Livre très-rare et très-curieux.

C'est une instruction composée pour le salut et l'édification d'Isabelle de
Villeblanche, religieuse du couvent des dames de Beaumont près de Tours,
et filleule de l'auteur.

5. HEURES. CES PRESENTES HEURES A LUSAIGE
DE MÉTZ, tou‖tes au long sans reqrir : Auec les
figures ꝗ signes ‖ de lapocalypse : la vie du sainct
hõme thobie et de ‖ la bõne dame iudic les
accidēs de lhõme le triũ‖phe de cesar ‖ les mi-
racles nr̄e dame : *ont este faites* ‖ *a Paris pour*
Symõ Vostre libraire : demourant ‖ *a la rue neu-*
fue : pres la grant esglise. ‖ (Calendrier de 1513 à
1530) gr. in-8 de 104 ff. sig. *a, b* par 8, *c* par 4,
d à *i* par 8, *k* par 6, ā c̄ ī par 8 et ō par 6. mar.
rouge, fil. comp. tr. dor. (*Rel. anc.*)

Exemplaire sur VÉLIN, d'une beauté et d'une conservation parfaites. La
table se trouve au dernier f., recto et verso, du cahier *e*; les 14 derniers ff.
contiennent l'*Office de Notre-Dame de Pitié.* Ce magnifique livre, entouré
de riches bordures initiales ornées, danse des morts, etc., et 21 grandes figures,
est une des plus belles productions de Symon Vostre.

6. SEBON (Raym.). La Théologie naturelle de Ray-
mond, Sebon docteur excellent entre les modernes,
en laquelle l'ordre de nature est demonstrée la
verité de la foy chrestienne et catholique, traduicte
de latin en françois (par Michel de Montaigne). *A
Paris, chez Gilles Gourbin,* 1569, in-8, mar. r.
janséniste, tr. dor. (*Chambolle-Duru.*)

Édition originale, dédiée à « Monseigneur de Montaigne » par son fils Michel de Montaigne.

7. PASCAL. PENSÉES DE M. PASCAL sur la Religion et
sur quelques autres sujets, qui ont esté trouvées

après sa mort parmy ses papiers. *A Paris, chez Guillaume Desprez,* 1670, in-12 de 41 ff. prél. 365 et 10 ff. de table, mar. bleu jans. dent. int. tr. dor. (*Trautz-Bauzonnet.*)

Édition originale.

8. Pascal. — Pensées de Pascal, publiées d'après le texte authentique et le seul vrai plan de l'auteur, par Victor Rocher, chanoine. *Tours, Mame,* 1873, gr. in-8 mar. la Vall. jans. dent. int. (*David.*)

Exemplaire en papier de Chine.

9. PASCAL. Les Provinciales, ou Lettres écrites par Louis de Montalte à un provincial de ses amis et aux RR. PP. Jésuites sur le sujet de la morale et de la politique de ces pères. *Cologne, Pierre de la Vallée,* 1657, in-4, mar. r. jans. tr. dor. (*Chambolle-Duru.*)

Très-bel exemplaire, avec témoins, de l'édition originale des Lettres provinciales (18) publiées séparément et réunies sous un titre collectif Cet exemplaire à 250 mill. de hauteur.

10. Boileau (J.). De l'Abvs des nvditez de gorge. Seconde édition. Reveuë, corrigée et augmentée (par Jacques Boileau). *Iouxte la Copie imprimée à Bruxelles. A Paris, chez J. de Laize-de-Bresche,* 1677, petit in-12, mar. r. jans. tr. dor. (*Duru.*)

Bel exemplaire, auquel on a ajouté l'ordonnance des vicaires généraux de Toulouse, *contre la nudité des bras, des épaules et de la gorge, et de l'indécence des habits des femmes et des filles.*

11. Bossuet. Les Oraisons funèbres, avec des notices par Poujoulat, gravures à l'eau-forte par Foulquier. *Tours, Mame,* 1869, gr. in-8, mar. bl. fil. tr. dor. (*Capé, Masson et Debonnelle.*)

Exemplaire en grand papier de Hollande.

JURISPRUDENCE, PHILOSOPHIE. BEAUX-ARTS.

12. Freydier. — Plaidoyer de M. Freydier, avocat à Nismes, contre l'introduction des Cadenats ou Ceintures de chasteté. *A Montpellier, chez Augustin-François Rochard, seul imprimeur du Roy,* 1750, 1 vol. pet. in-8 de xxxvii ff. cart. non rog. fig.

Deux figures représentent deux modèles différents de ceintures de chasteté, tirées : l'une du musée du Sommerard, l'autre du cabinet du comte de Miranda.

13. MONTAIGNE. Les Essais. *A Bourdeaux, par S. Millanges,* 1580, 2 vol. pet. in-8, mar. r. jans. dent. int. tr. dor. *(Chambolle-Duru.)*

Édition originale.

14. ESSAIS || DE MESSIRE MICHEL, SEIGNEVR || || DE MONTAIGNE|| Chevalier de l'Ordre|| du Roy, & Gentil-homme or || dinaire de sa Chambre, || Maire & Gouuerneur || de Bourdeaus. || Edition seconde reueuë et augmentée. || *A Bovrdeavs, || pas S. Millanges imprimeur ordinaire du Roy || M.D.LXXXXII, || auec Privilége du Roy.* || In-8, de 4 ff. prél., 806 pages et un f. pour le privilége, mar. brun la Vall. fil. à froid, dent. int. tr. dor. *(Rel. mod.)*

Édition précieuse, elle contient des corrections et un certain nombre d'additions. Bel exemplaire.

15. ESSAIS DE || MESSIRE || MICHEL, SEIGNEVR || DE MONTAIGNE, || Chevalier de l'Or || dre du Roy, & Gentil-hom || me ordinaire de sa Cham|| bre, Maire et Gouuer || neur de Bour || deaus, reueues & aug- mentez. *A Paris, chez Iean Richer, ruë Sainct|| Iean de Latran à l'Arbre Verdoyant || M.D.LXXXVII,* || in-12, 4 ff. prél. et 1075 pp. mar. noire dent. *(Reliure ancienne.)*

Reproduction du texte de l'édition de 1582, avec une ponctuation meilleure.

16. MONTAIGNE. ESSAIS‖DE‖MICHEL, SEIGNEVR ‖ DE MONTAIGNE. ‖ *Cinquiesme édition, aug-men ‖ tée d'un troisiesme li ‖ ure et de six cens ‖ additions aux ‖ deux premiers. A Paris, ‖ chez Abel L'Angelier, Au premier pilier ‖ de la grand ‖ salle du Palais ‖ auec Priuilége du Roy.* ‖ 1588, in-4, la Vall. front. gravé, dent. int. tr. dor. (*Capé.*)

Bel exemplaire de la dernière édition publiée du vivant de l'auteur.

17. MONTAIGNE. Les Essais, edition nouuelle trou-vée après le déceds de l'autheur et augmen-tée par lui d'un tiers plus qu'aux précédentes impressions. *Paris, Abel L'Angelier,* 1595, in-fol. front. gravé, mar. r. fil. dos orné, tr. dor. (*Cham-bolle-Duru.*)

Bel exemplaire de l'édition publiée après la mort de Montaigne, par Mlle de Gournay, sa fille adoptive.

18. LES ESSAIS DE MICHEL, SEIGNEUR DE MONTAIGNE. Nouvelle édition exactement purgée des défauts des précédentes selon le vray original, et enrichie et augmentée aux marges du nom des autheurs qui y sont citez, et de la version de leurs pas-sages. *Bruxelles, François Foppens,* 1659, 3 vol. in-12, front. gravé, mar. r. dos orné, fil. dent. int. tr. dor. (*Capé.*)

Bel exemplaire. Hauteur : 156 mill. En plus des précédentes, cette édition possède une table analytique générale des matières.

19. CHARRON. — De la Sagesse, trois livres, par Pierre Charron. *A Leide, chez les Elzevier, s. d.,* in-12, front. gr. mar. r. fil. tr. dor. (*Rel. anc.*)

Hauteur : 126 mill.

20. LA ROCHEFOUCAULD. Réflexions ou sentences et maximes morales, cinquième édition. *Paris, Claude Barbin,* 1678, in-12, mar. r. jans. dent. int. tr. dor. (*Chambolle-Duru.*)

21. LA BRUYÈRE. — Les Caractères de la Bruyère, avec dix-huit gravures à l'eau-forte par V. Foul-

quier. *Tours, Mame,* 1867, gr. in-8, mar. r.
doublé de mar. r. fil. tr. dor. (*Chambolle-Duru.*)

Très-bel exemplaire en GRAND PAPIER DE HOLLANDE.

22. SMITH. — Recherches sur la nature et les causes
de la richesse des nations, traduites de l'anglais
d'Adam Smith par J.-A. Roucher. *Paris, chez
Buisson, an III*, 5 vol. in-8, mar. citr. fil. tr. dor.
(*Reliure de Bradel, suc. de Derome.*)

23. VECELLIO. Habiti antichi e moderni di tutto
il mondo. *In Venetia, Sessa,* 1598, gr. in-8, mar.
rouge, comp. dorés, mosaïque de mar. v. doublé
de mar. r. (chiffre de M. H. Bordes). (*Chambolle-
Duru.*)

Très-bel exemplaire.

24. PERRAULT. — LES HOMMES ILLUSTRES qui
ont paru en France pendant ce siècle. Avec leurs
portraits au naturel. Par M. Perrault, de l'Acadé-
mie françoise. *A Paris, chez Anthoine Dezallier,*
1696-1700, 2 tomes en 1 vol. in-fol. mar. r. dos
orné, fil. tr. dor. (*Chambolle-Duru.*)

Bel exemplaire en grand papier, belles épreuves avec les deux portraits
d'Arnauld et de Pascal.

25. ÉMAUX DE PETITOT (les) du musée impérial du
Louvre, portraits de personnages historiques et
de femmes célèbres du siècle de Louis XIV, gravés
au burin par M. L. Ceroni. *Paris, Blaisot,* 1862,
2 vol. in-4, mar. r. comp. à la Duseuil, dos orné,
dent. int. tr. dor. (*Adolphe Bertrand.*)

Exemplaire avec la suite des portraits sur chine et AVANT LA LETTRE.

26. MONUMENT DU COSTUME physique et moral
de la fin du dix-huitième siècle, ou Tableau de la
vie (par Restif de la Bretonne), orné de figures
dessinées et gravées par M. Moreau le jeune. *A
Neuwied sur le Rhin, chez la Société typographique,*
1789, gr. in-fol. demi-rel. bas. verte.

26 planches d'après Moreau et autres, gravées par Martini, Trière Helman,
Baquoy, Patas, Carl Guttemberg, Delaunay, Halbou, Romanet, N. Thomas,
Ingauf, Delignon et Simonet.

BELLES-LETTRES.

—

27. THEOCRITI quæ extant, ex editione Danielis Heinsii expressa. *Glasguæ, Foulis,* 1746, pet. in-4, mar. r. fil. tr. dor. (*Anc. rel.*)

28. VIRGILE. — Publii Virgilii Maronis Bucolica, Georgica et Æneis illustrata, ornata et accuratissime impressa. *Londini,* 1750, 2 vol. gr. in-8, figures, mar. r. large dent. sur les plats, tr. dor. (*Rel. anc.*)

29. HORACE. Quinti Horatii Flacci opera. *Londini, æncis tabulis incidit Johannes Pine,* 1733-37, 2 vol. in-8, texte gravé, fleurons, frontispices et figures, mar. r. large dent. sur les plats, tr. dor. (*Anc. rel. anglaise.*)

Exemplaire de premier tirage.

30. CATVLLVS. TIBVLLVS. PROPERTIVS. *Aldvs* (A la fin :) *Venetiis, in ædibvs Aldi et Andreæ soceri, mense martio* M.D.XVI. — Diversorvm poeta ‖ rvm in Priapvm lvsvs ‖ P. V. M. Catalecta. Copa. Rosæ. ‖ Cvlex. Diræ. Moretvm. Ciris. ‖ Ætna. Elegia in Mecænatis ‖ obitvm. Et alia nonnvlla ‖ Quæ falso Virgilii cre ‖ dvntvr. ‖ Argvmenta in Virgilii li ‖ bros, et alia diversorvm complvra. *Aldvs.* (A la fin :) *Venetiis, in ædibvs Aldi et Andreæ soceri mense decembri,* M.D.XVII. — Ensemble 1 vol. in-8, mar. r. comp. tr. dor. gaufr.

Réimpression de l'édition de 1502, surtout revue pour le Tibulle. Elle a 148 ff. de texte dans la première partie, et 2 ff. pour le registre et l'ancre. La seconde partie compte 80 ff.

Cet exemplaire est celui de J.-J. DE BURE et de J.-Ch. BRUNET. Il est dans son ancienne reliure italienne du XVIe siècle : snr l'un des plats, le buste de Catulle est frappé en or ; le second plat est orné d'un cartouche renfermant un emblème composé d'un dauphin surmonté de neuf étoiles. Les *Priapées* ajoutées à l'exemplaire sont fort rares.

31. CHANSON DE ROLAND (la). Texte critique accom-
pagné d'une traduction nouvelle et précédé d'une
introduction historique, par Léon Gautier. *Tours,
Mame*, 1872, 2 vol. gr. in-8, mar. la V. dent. int.
tr. dor. (*David.*)

Exemplaire sur papier de Chine.

32. LORRIS (G. de). LE ROMMANT DE LA ROSE,
nouvellement reueu et corrigé oultre les précédentes impressions. *On les vend à Paris par Galliot du Pré*, 1529, pet. in-8, mar. r. comparti-
ments dorés tr. dor. (*Thompson.*)

33. LORRIS (Guill. de). Le Roman de la Rose, par Guillaume de Lorris et Jean de Meung ; nouvelle édition, revue et corrigée sur les meilleurs et les
plus anciens manuscrits, par M. Méon. *A Paris,
P. Didot l'aîné*, 1813, 4 vol. in-8, pap. vél. fig.
mar. bl. rich. comp. tr. dor. tabis. (*Thouvenin.*)

Exemplaire BAUDELOQUE, et double de S. A. R. Mgr le DUC D'AUMALE.

34. ROMAN DU RENART (le), publié d'après les Manuscrits de la Bibliothèque du Roi des XIIIᵉ, XIVᵉ
et XVᵉ siècles, par M. D.-M. Méon. *A Paris, chez
Treuttel et Würtz*, 1826, 4 vol. in-8, cuir de
Russie, riches comp. à petits fers couvrant les
plats et le dos, tr. dor. (*Kœhler.*)

Exemplaire en GRAND PAPIER DE HOLLANDE, avec les figures de Desenne
avant la lettre et les eaux-fortes. La reliure est d'une grande richesse.
Ex libris L. Pasquier,

35. CHARTIER (Alain). LES OEUVRES ‖ FEU MAIS-
TRE ALAIN CHARTIER en son ‖ viuant Secretaire
du feu roi Char ‖ les septiesme du nom. Nouuel ‖
lement imprimees, reueues & ‖ corrigiees oultre
les pre ‖ cedētes impressions. ‖ *On les vend à Paris
en la grant ‖ salle du palais au premier Pillier
en ‖ la bouticque de Galliot du Pré, Li ‖ braire-
iuré de Luniversité. ‖ 1529. ‖* petit in-8, fig. sur
bois, maroq. bleu, dos orné, dent. tr. doublé de
moire rose avec dent. tr. dor. (*Lefèvre.*)

Hauteur : 135 mill.

Cette édition, établie sur celle de 1526, est fort recherchée à cause de ses lettres rondes et aussi parce qu'on en trouve difficilement des exemplaires en bonne condition. Le volume commence par 12 ff. prélim. suivis de ccclvj ff. de texte chiffrés. Le *Livre de l'Espérance* forme le commencement du *Curial*, sans qu'on en ait conservé le titre.

36. MAROT (Cl.). LES OEUVRES DE || CLÉMENT MA- || ROT de Cahors, || Valet de chambre || du Roy. || Augmentées d'ung grand nombre de ses || compositions nouuelles, par cy || deuant non imprimées. || Le tout songneusement par luy mesmes, || reueu, & mieulx ordonné, comme || lon uoyrra cy apres. || *A Lyon,* || *Chés Estienne Dolet.* || 1542. || *Auec priuilége du Roy, pour dix ans,* || pet. in-8, de 324 ff. mar. rouge, dos orné, fil. doublé de mar. bleu avec dent. tr. dor. (*Trautz-Bauzonnet.*)

Édition en lettres rondes, bien imprimée, plus complète que les précédentes et une des plus rares et des plus recherchées de ce poëte. (*Brunet.*)

37. REGNIER. OEuvres de Regnier, édition Louis Lacour. *Paris, Jouaust,* 1867, in-8, mar. citron dos à mosaïque, fil. dent. int. tr. dor. (*Hardy-Mennil.*)

Un des 15 exemplaires sur PAPIER DE CHINE.

38. RONSARD. Les OEuvres de P. de Ronsard, gentilhomme vandomois, revues, corrigées et augmentées par l'autheur. *Paris, chez Gabriel Buon,* 1584, in-fol. mar. r. filets milieux ornés, tr. dor. (*Hardy-Mennil.*)

Dernière édition publiée par l'auteur.

39. RECUEIL des plus beaux vers de Messieurs Malherbe, Racan, Maynard, Boisrobert. *Paris, Toussainct du Bray,* 1627, in-8, mar. r. jans. dent. tr. dor. (*Hardy.*)

40. IARDIN (le) des racines greqves, mises en vers françois. Auec vn Traitté des Prépositions & autres Particules indeclinables, et Vn Recueil alphabetique des mots François tirez de la Langue Greque (par Claude Lancelot). *A Paris, chez Pierre le Petit,* 1657, in-12, front. gravé, mar. vert, fil. à froid, tr. dor. (*Capé.*)

Première édition, exemplaire SOLAR.

41. LA FONTAINE. Fables choisies mises en vers, par J. de la Fontaine. *A Paris, chez Desaint & Saillant,* 1755-1759, 4 vol. in-fol. *frontispice* par *Dupuis et gravé par Cochin, portrait d'Oudry d'après Largillière, gravé par Tardieu et* 273 *figures par Oudry,* mar. rouge, fil. tr. dor.

Très-bel exemplaire en GRAND PAPIER et dans son ancienne reliure.

42. LA FONTAINE. Contes et nouvelles en vers par M. de la Fontaine. *Amsterdam,* 1762, 2 vol. in-8, portrait de la Fontaine et d'Eisen par Ficquet et figures par Eisen, mar. **r.** dent. sur les plats, tr. dor. (*Reliure ancienne.*)

Exemplaire avec les *figures découvertes.*

43. BENSSERADE. OEuvres. *Suivant la copie à Paris, chez Charles de Sercy (à la Sphère),* 1698, 2 vol. in-12, front. gravés, mar. r. jours (*Trautz-Bauzonnet.*)

Exemplaire non rogné.

44. RECUEIL DIT DE MAUREPAS. *Leyde,* 1865, 6 vol. in-12, mar. vert, dos ornés, fil. tr. dor. (*Chambolle-Duru.*)

Un des deux exemplaires sur PEAU DE VÉLIN.

45. DORAT. Les Baisers, précédés du Mois de Mai, poëme. *A la Haye, et se trouve à Paris,* 1770, in-8, fleuron, vignettes et culs-de-lampe, par Eisen et Marillier, mar. citron, dent. int. tr. dor. (*R. Petit.*)

Exemplaire en GRAND PAPIER DE HOLLANDE.

46. DORAT. FABLES NOUVELLES. *A la Haye, et se trouve à Paris, chez Delalain,* 1773, 2 vol. in-8, culs-de-lampe par Marillier, mar. vert, jans. dent. front. vignettes et int. (*Chambolle-Duru.*)

Bel exemplaire en GRAND PAPIER.

47. LA BORDE. CHOIX ‖ DE CHANSONS ‖ MISES EN MUSIQUE ‖ PAR M. DE LA BORDE, ‖ Premier Valet-de-Chambre ordinaire du Roi, ‖ Gouverneur

du Louvre. || Ornées d'estampes || par J.-M. Moreau, || (Le Bouteux et Le Barbier). Dédiées || à Madame la Dauphine. || *A Paris,* || *Chez de Lormel, Imprimeur de l'Académie Royale* || *de Musique rue du Foin Saint Jacques,* || *M. DCC. LXXIII.* || *Avec Approbation et Privilege du Roi.* || Gravées par Moria et M^llo Vendôme. || 4 tom. en 2 vol. gr. in-8, mar. r. dos orné, large dent. sur les plats, fil. tr. dorée. (*Chambolle-Duru.*)

Le portrait de La Borde, dit à la lyre, a été pris d'un exemplaire en petit papier et sur teinte bleue; il est remmargé.

48. GRESSET. Ver-Vert, poëme, par Gresset. *Parme, Bodoni,* 1803, in-8, maroquin vert, large dentelle (à l'oiseau), tr. dor.

Cette édition contient la traduction en vers italiens de L. A. Vincenzi. Portrait de Gresset et figures de Moreau AVANT LA LETTRE, ajoutées.

49. LESNÉ. La Reliure, poëme didactique en six chants, par Lesné, relieur à Paris, 2° édition. *Paris,* 1827, gr. in-8, mar. la Vall. à comp. mosaïque de mar noir, doublé de mar. vert, avec fil. et gardes en moire verte, tr. dor. dans un étui chagr. vert. (*Capé.*)

50. CHÉNIER (André). Poésies de André Chénier, édition critique, étude sur la vie et les œuvres d'André Chénier, variantes, notes et commentaires, lexique et index, par L. Becq de Fouquières. *Paris, Charpentier,* 1862, 2 vol. gr. in-8, portrait mar. la Vall. dos orné fil. dent. int. tr. dor. (*R. Petit.*)

Exemplaire sur PAPIER DE HOLLANDE.

51. CHEVIGNÉ. Les Contes rémois, par le comte de Chevigné, dessins de E. Meissonier. *Paris, Mich. Lévy fr.* 1858, in-8 carré, mar. la Vall. jans. doré en tête n. rog.

---

52. SOPHOCLIS operum quæ extant omnia, græcè et latinè, notis illustravit Brunck. *Argentorati,* 1786, 2 vol. in-4, mar. r. fil. tr. dor. (*Anc. rel.*)

53. Senecæ tragœdiæ. (*Ad finem :*) *Venetiis, in ædibus Aldi*, 1517, in-8, mar, r. compart. dorés, plats en bois, fermoir. (*Reliure du XVI° siècle.*)

On lit sur le titre : *Timothei Fabii et Amicorum.* Nombreuses notes marginales.

54. CORNEILLE (P.). L'Illustre Théâtre de M. Corneille. *A Leyden* (*à la Sphère*), 1644, pet. in-12, mar. brun fil. tr. dor. (*Koehler.*)

Hauteur : 125 mill.

Volume se composant de 7 pièces ayant chacune un titre particulier : le *Cid*, 1644 ; la *Mort de Pompée*, 1644; *Horace*, 1645 ; *Cinna, ou la Clémence d'Auguste*, 1645 ; *Polyeucte*, 1644 ; *le Menteur*, 1645, et *la Suite du Menteur*, 1645.

55. Corneille (P.). Théâtre de P. Corneille, avec les Commentaires de Voltaire. *A Paris, de l'imprimerie de P. Didot l'aîné. L'an IV de la République*, 1795, 10 vol. in-4, demi-rel. dos et coins mar. r. jans. tête dor. ébarbé.

56. RACINE. OEuvres de Racine. *A Paris, chez Pierre Trabouillet au Palais, dans la gallerie des prisonniers, à l'image S. Hubert*, 1687, *avec privilége du Roi*, 2 vol. in-12, *frontispice par Lebrun*, 2 vol. in-12, mar. rouge, jans. dent. int. tr. dor. (*Trautz-Bauzonnet.*)

Bel exemplaire portant la signature de Sainte-Beuve. Haut. : 154 mill.

57. Racine. OEuvres de J. Racine, nouvelle édition, publiée par M. Paul Mesnard. *Paris, L. Hachette*, 1865-1873, 8 vol. avec portraits, figures et chromolith. — Musique des chœurs d'Esther et d'Athalie. 1873, 1 vol. ens. 9 vol. gr. in-8, mar. viol. dos orné, fil. dent. int. tr. dor. (*Chambolle-Duru.*)

Exemplaire sur grand papier de Hollande.

58. RACINE. Esther, tragédie tirée de l'Escriture sainte, par Racine. *A Paris, chez Claude Barbin*, 1689, in-12, figure (*avec privilége*). — Athalie, tragédie. *A Paris, chez Denys Thierry*, 1692, in-12 (*avec privilége*), figure, ens. 2 ouvr. en 1 vol.

in-12, mar. rouge, jans. dent. int. tr. dor. (*Trautz-Bauzonnet.*)

Très-bel exemplaire. Éditions originales.

59. MOLIÈRE. OEUVRES DE MOLIÈRE, avec des remarques grammaticales, des avertissements et des observations sur chaque pièce, par M. Bret. *A Paris, par la Compagnie des Libraires associés,* 1773, 6 vol. in-8, portr. et fig. par Moreau, mar. bleu à comp. dos orné, doublé de tabis rose, tr. dor. (*Bozérian.*)

Exemplaire provenant de la vente Yemeniz.

60. MOLIÈRE. Galerie historique des portraits des comédiens de la troupe de Molière, gravés à l'eauforte, sur des documents authentiques, par Frédéric Hillemacher, avec des détails biographiques succincts relatifs à chacun d'eux, par Frédéric Hillemacher. *A Lyon, Nicolas Scheuring,* 1869, in-8, mar. viol. fil. doré en tête n. rog.

---

61. LONGUS. Les Amours pastorales de Daphnis et de Chloé, traduites du grec de Longus par Amyot. *A Paris, de l'imprimerie de P. Didot l'aîné, an VIII* (1800), in-4, fig. de Prud'hon et de Gérard, mar. r. dos orné à petits fers. (*Capé.*)

62. RABELAIS. OEuvres de maître François Rabelais, avec des remarques historiques et critiques de M. le Duchat, nouvelle édition, ornée de figures de Bernard Picart. *A Amsterdam, chez J.-Frédéric Bernard,* 1741, 3 vol. in-4, mar. citron, dos orné, fil. dent. int. tr. dor. (*Chambolle-Duru.*)

Très-bel exemplaire.

63. HEPTAMÉRON. — LES || NOUVELLES || DE || MARGUERITE, || REINE DE NAVARRE. || *Berne,* || *Chez la nouvelle Société typographique.* || 1780. || 3 vol. in-8, fig. grav. par Longueil, Halbou, Le Roy, Thiébault, d'après Freudenberg, et les fleu-

rons par Dunker, mar. r. dos orné, fil. tr. dor.
(*Capé.*)

Armoiries de Marguerite de Valois, avec ses initiales couronnées sur les plats de la reliure.
Bel exemplaire.

64. LA FONTAINE. LES AMOURS || DE || PSICHÉ || ET DE || CUPIDON. || Par M. de la Fontaine. || *A Paris,* || *Chez Claude Barbin,* || M. DC. LXIX. || *Avec privilege du Roy.* || In-8 de 14 ff. prél. et 500 pp. mar. rouge, dos orné fil. dent. int. tr. dor. (*Chambolle-Duru.*)

ÉDITION ORIGINALE, qui contient pour la première fois le poëme d'ADONIS.

65. HAMILTON. Mémoires du comte de Grammont, par le C. Antoine Hamilton, édition ornée de 72 portraits, gravés d'après les tableaux originaux. *A Londres, s. d.,* in-4, papier vélin, mar. vert, fil. tr. dor. (*Reliure anglaise ancienne.*)

66. PERRAULT. Les Contes des fées, en prose et en vers, de Ch. Perrault. Nouvelle édition publiée par Ch. Giraud. *Paris, Imprimerie impériale,* 1864, gr. in-8, vignettes gravées, mar. la Vall. dent. int. n. rog.

67. FÉNELON. Les Aventures de Télémaque, par Fénelon. *Paris, Didot l'aîné,* 1796, 4 vol. gr. in-18, mar. la Vall. fil. tr. dor. (*Bauzonnet.*)

Bel exemplaire en papier vélin, figure de Lefebvre AVANT LA LETTRE, portrait par Delvaux.

68. LESAGE. LE DIABLE BOITEUX, par M. Lesage. *A Paris, chez la veuve Barbin,* 1727, 2 tomes en 1 vol. in-12, fig. mar. rouge jans. dent. int. tr. dor. (*Brany.*)

Bel exemplaire (159 mill.).

69. LESAGE. HISTOIRE || DE || GIL BLAS || DE SANTIL-LANE. || Par M. Le Sage. || Dernière édition, revue & corrigée. || *A Paris,* || *Par les Libraires associés.* || M. DCC. XLVII. || *Avec Approbation & Privilége*

du Roy. ‖ 4 vol. in-12, fig. mar. r. dos orné, fil. tr. dor. (*Simier, relieur du Roi.*)

Bel exemplaire de l'ÉDITION ORIGINALE.

70. HISTOIRE DU CHEVALIER DES GRIEUX et de Manon Lescaut (par l'abbé Prévost). *A Amsterdam, aux dépens de la Compagnie,* 1753, 2 vol. in-12, figures, pap. de Holl. maroq. bl. fil. tr. dor. (*Trautz-Bauzonnet.*)

Superbe exemplaire.

71. LE VAYER DE BOUTIGNY. Tarsis et Zélie. *A Paris, chez Musier fils,* 1774, 3 vol. gr. in-8, frontispices, fleurons, vignettes et figures, v. fauve, fil. dos orné, tr. dor.

Exemplaire en papier de Hollande.

72. VOYAGE de Paris à Saint-Cloud par mer et retour de Saint-Cloud à Paris par terre, 4° édition. *Paris, Duchesne,* 1762, 2 part. en 1 vol. in-12, carte, mar. violet, jans. dent. int. tr. dor. (*Reliure moderne.*)

Exemplaire de M. Rigaud.

73. BOCCACE. Le Décaméron de Jean Boccace (traduit par Le Maçon). *Londres,* 1757, 5 vol. in-8, fig. mar. r. fil. tr. dor. (*Reliure ancienne.*)

Cette jolie édition est ornée de cent onze figures d'après Eisen, Gravelot et Cochin, de cinq frontispices et de nombreuses vignettes gravées par le Mire, d'après les dessins de Gravelot.
On a ajouté la double suite des figures.

74. CERVANTES. Histoire de l'Admirable Don Quichotte de la Manche, traduite de l'espagnol de Michel de Cervantes (par Filleau de Saint-Martin). Enrichie de belles figures dessinées de Coypel et gravées par Folkema et Fokke. *A Amsterdam et à Leipzig, chez Arkstée et Merkus,* 1768, 6 vol. in-12. — Nouvelles de Michel de Cervantes Saavedra, nouvelle édition, augmentée de trois nouvelles qui n'avoient point été traduites en françois, et de la vie de l'auteur (par Saint-Martin de

Chassonville). Enrichie de figures en taille-douce. *A Amsterdam et à Leipzig, chez Arkstée et Merkus,* 1768, 2 vol. in-12, fig. Ensemble 8 vol. in-12, fig. mar. vert, dos orné, fil. dent. int. tr. dor. (*Hardy.*)

Très-bel exemplaire.

75. Foé (de). La Vie et les Avantures surprenantes de Robinson Crusoé, trad. de l'anglois. *Amsterdam,* 1720, 3 vol. in-12, maroq. vert, dos orné, fil. dent. int. tr. dor. (*Capé.*)

Figures de Bernard Picart.

76. Arétin (P.). Capricciosi et piaceuoli Ragionamenti di M. Pietro Aretino. *Stampati in Cosmopoli (Amsterdam, Elzevier), l'anno* 1668. Pet. in-8, mar. rouge, dos orné, dent. sur les plats, tr. dor. (*P. Bozérian jeune.*)

Très-bel exemplaire qui contient : *la Puttana errante.*

77. Béroalde de Verville. Le Moyen de parvenir, nouvelle édition, 100070057 (1757). 2 vol. pet. in-12, front. gr. mar. bistre, fil. tr. dor. (*Anc. rel.*)

Hauteur : 121 mill.

---

78. Epistolæ Græcæ Basilii et aliorum. *Venetiis, apud Aldum,* 1499. — Epistolæ diversorum philosophorum, 1499. — 2 part. en 1 vol. in-4, mar. r. tr. dor. (*Trautz-Bauzonnet.*)

Superbe exemplaire, avec témoins, de la bibliothèque Yemeniz (2393).

79. Balzac. Lettres choisies du sieur de Balzac. *Amsterdam, chez les Elzeviers,* 1656, in-12, titre gravé, mar r. fil. tr. dor. (*Anc. rel.*)

Hauteur : 130 mill.

80. SÉVIGNÉ. Lettres de Madame de Sévigné, de sa famille et de ses amis, recueillies et annotées par M. de Monmerqué ; nouvelle édition, revue sur les autographes, les copies les plus authentiques et les plus anciennes impressions, et aug-

mentée de lettres inédites, d'une nouvelle notice, d'un lexique des mots et locutions remarquables, de portraits, vues et fac-simile, etc. *Paris, L. Hachette,* 1862-1866, 14 vol. in-8, portr. vues et fac-simile, mar. rouge à comp. dos orné, dent. int. tr. dor. (*Chambolle-Duru.*)

Exemplaire en GRAND PAPIER, avec les armes de la marquise de Sévigné en mosaïque sur les plats de la reliure.

81. LA FONTAINE. OEuvres de la Fontaine, nouvelle édition, revue, mise en ordre et accompagnée de notes par C.-A. Walckenaer. *A Paris, Lefèvre,* 1827, 6 vol. gr. in-8, mar. bleu, dos orné, fil. dent. int. tr. dor. (*David.*)

Très-bel exemplaire en GRAND PAPIER VÉLIN avec trois portraits de la-Fontaine, gravés par Hoopwood, Roger et Billault, la suite des figures de Moreau AVANT LA LETTRE ajoutée et les figures de T. Johannot.

82. MONTESQUIEU. OEuvres de Montesquieu, avec les notes de tous les commentateurs, édition publiée par L. Parrelle. *Paris, Lefèvre,* 1826, 8 vol. gr. in-8, 2 portraits mar. rouge, dos orné, fil. dent. int. tr. dor. (*Chambolle-Duru.*)

Exemplaire en GRAND PAPIER vélin fort.

83. VOLTAIRE. OEuvres complètes de Voltaire. *De l'imprimerie de la Société littéraire et typographique (à Kehl),* 1785-89, 70 vol. in-8. — Table analytique, 2 vol. — Ens. 72 vol. gr. in-8, mar. vert, dos orné, fil. tr. dor.

Exemplaire sur grand papier vélin, avec les figures de J. Moreau le jeune. Bonnes épreuves. *Ex libris* Lady Louisa Lygon.

HISTOIRE.

84. **Bossuet.** Discours sur l'histoire universelle, par
Bossuet, avec une préface par Poujoulat, gravures
à l'eau-forte par Foulquier. *Tours, Mame,* 1870,
gr. in-8, mar. br. dent. int. tr. dor. (*David.*)

Bel exemplaire en GRAND PAPIER DE HOLLANDE.

85. **PLUTARQUE.** Les Vies des hommes illustres
grecs et romains, comparées l'une avec l'autre, par
Plutarque de Chæronée, translatées de grec en
françois par J. Amyot. *Paris, Vascosan,* 1567,
6 vol. — Decade contenant les Vies des empe-
reurs. *Paris, Vascosan,* 1567, 1 vol. — Les OEuvres morales et meslées de Plutarque, translatées
de grec en françois (par J. Amyot). *Paris, Vascosan,* 1574, 6 vol. — Ens. 13 vol. in-8, mar. bleu,
dos orné, fil. tr. dor.

Bel exemplaire dans son ancienne reliure; il contient les *Vies d'Annibal
et de Scipion,* tr. par Ch. l'Ecluse.

86. (Julii) CÆSARIS quæ exst   t, ex emendatione Sca-
ligeri. *Amstelodami, ex officina Elzeviriana,* 1651,
in-12, mar. r. fil. tr. dor. (*Anc. rel.*)

Bel exemplaire, avec armoiries sur les plats. Hauteur : 133 mill.

87. **SAINT-SIMON.** Mémoires complets et authentiques de Saint-Simon sur le siècle de Louis XIV
et la Régence. *Paris, L. Hachette,* 1856, 20 vol.
gr. in-8, mar. rouge à comp. ornés, dent. int. tr.
dor. avec les armes du duc de Saint-Simon en
mosaïque sur les plats. (*Reliure de Chambolle-
Duru.*)

Exemplaire en GRAND PAPIER DE HOLLANDE, auquel sont ajoutés environ
1000 portraits, parmi lesquels la suite de Petitot sur chine et avant la lettre,
des portraits des galeries de Versailles, les portraits de Roger, ceux de De-

senne, la suite sur chine publiée par Ménard et Desenne, etc., et un grand nombre de portraits anciens en tirage moderne.

88. JANIN (J.). L'Amour des livres, par M. Jules Janin. *Paris, J. Miard,* 1866, in-12, mar. bleu, dos orné, fil. doublé de mar. citron, avec large dent. de feuillages or parsemés de fleurs en mosaïque, tr. dor. (*Reliure de Cuzin, dorure de Marius Michel.*)

Tiré à 204 exemplaires.
Ouvrage recherché et devenu rare.
A cet exemplaire sont ajoutés un portrait sur chine de J. Janin et un billet autographe de M. Chesnel, ami de M. Jules Janin, demandant pour lui l'histoire d'André Boulle par Ch. Asselineau.

FIN.